Vente du Lundi 2 Décembre 1872

HOTEL DROUOT, SALLE N° 3

COLLECTION DE M. CR.....

DE COURTRAI

OBJETS D'ART

ET

D'AMEUBLEMENT

ANCIENNES PORCELAINES

DE LA CHINE ET DU JAPON

EXPOSITION PUBLIQUE

LE DIMANCHE 1ᵉʳ DÉCEMBRE 1872

Mᵉ CHARLES OUDART, COMMISSAIRE-PRISEUR

M. ÉMILE BARRE, EXPERT

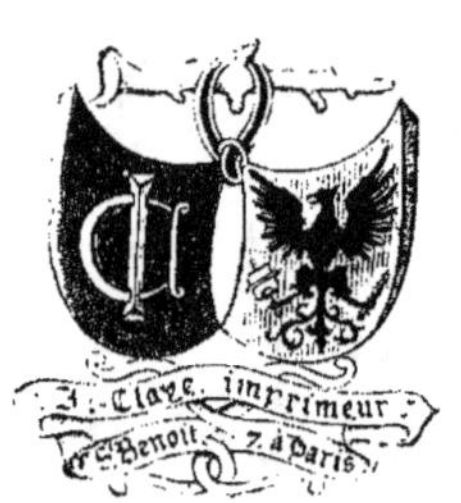

J. Claye, imprimeur
rue St-Benoît, 7, à Paris

CONDITIONS DE LA VENTE

Elle sera faite au comptant.

Les acquéreurs payeront, en sus de leur prix d'adjudication, *cinq centimes par franc*, applicables aux frais.

Ce Catalogue est fait à titre de renseignement ; les énonciations qu'il renferme ne peuvent jamais être considérées comme des garanties.

L'Exposition mettant les adjudicataires à même de se rendre compte de la nature et de l'état des objets, il ne sera admis aucune réclamation une fois l'adjudication prononcée.

2 décembre 1872

CATALOGUE

DES

OBJETS D'ART

ET

D'AMEUBLEMENT

ANCIENNES PORCELAINES DE LA CHINE ET DU JAPON

MEUBLES ANCIENS, TOILETTE, TABLE A JEU
COMMODE, TABLES, CONSOLE, DEUX GRANDES ET BELLES
VITRINES EN ÉBÈNE INCRUSTÉ D'IVOIRE
TRÈS-BEAU MEUBLE EN NOYER, A CARIATIDES, STYLE
DE LA RENAISSANCE, SUITE DE QUATRE BELLES TAPISSERIES
ANCIENNES (SUJETS D'APRÈS VAN ARTOIS)
CHARMANTE PETITE GARNITURE DE CHEMINÉE, ÉPOQUE
LOUIS XVI. PENDULE EN MARQUETERIE DE BOULE
CARTEL LOUIS XIV. LUSTRE EN BOHÊME
GIRANDOLES, CHENETS LOUIS XVI, FLAMBEAUX, STATUETTES
BUSTES ET GAINES EN MARBRE
JARDINIÈRES EN ÉMAIL CLOISONNÉ, ENVIRON
QUATRE CENTS PLATS ET ASSIETTES EN PORCELAINES
DE CHINE ET DU JAPON
SERVICES A THÉ ET A CAFÉ, GRANDES VASQUES
GRANDS PLATS, PIÈCES DIVERSES

PROVENANT DE LA COLLECTION DE M. CR.....

DE COURTRAI

DONT LA VENTE AURA LIEU

HOTEL DROUOT, SALLE N° 5

Le Lundi 2 Décembre 1872

PAR LE MINISTÈRE DE M° **CHARLES OUDART**, COMMISSAIRE-PRISEUR
31, rue Le Peletier

ASSISTÉ DE M. **ÉMILE BARRE**, EXPERT
25, Chaussée-d'Antin

EXPOSITION PUBLIQUE

LE DIMANCHE 1er DÉCEMBRE, DE 1 HEURE A 5 HEURES

DÉSIGNATION

TAPISSERIES

1. — Suite de quatre belles tapisseries à figures et
paysages, d'après *Van Artois.*

MEUBLES

2. — Très-grand et très-beau meuble, style de la
Renaissance, **en noyer** sculpté, à deux corps,
surmonté d'un fronton architectural. — Les
panneaux du haut et du bas sont sculptés et
représentent des personnages. — Le meuble
est décoré de trophées et orné de cariatides.
— Les pieds sont formés par des animaux
chimériques.

3. — Grande et belle vitrine italienne, en ébène incrusté d'ivoire gravé.

4. — Autre vitrine, semblable à la précédente.

5. — Meuble à deux corps formant bureau, époque Louis XIII, en noyer avec incrustation de bois.

6. — Table en bois sculpté, style de la Renaissance, avec pieds à arceaux.

7. — Meuble-vitrine, avec tiroirs, en bois des îles.

8. — Petit cabinet italien, époque Louis III, en marqueterie de bois.

9. — Charmante petite commode Louis XVI, en marqueterie.

10. — Toilette Louis XVI, en bois de rose et marqueterie.

11. — Petite table à jeu, en marqueterie de bois à fleurs.

12. — Table italienne, en ébène incrusté d'ivoire.

13. — Grand et beau bureau plat, époque Louis XIII, en marqueterie de bois, à quatre faces.

14. — Console Louis XVI, en bois sculpté, peint et doré.

15. — Six chaises Louis XIII, en palissandre recouvert en cuir de Cordoue.

16. — Belle glace Louis XVI.

17. — Écran en bois sculpté et tapisserie au point, époque Louis XIV.

18. — ~~Autre~~ écran en bois sculpté et ~~tapisserie~~ au
point, époque Louis XIV.

PENDULES ET BRONZES

19. — Charmante garniture de cheminée, époque
Louis XVI, en marbre griotte d'Italie, com-
posé d'une pendule avec sujet en bronze
doré, représentant Vénus et l'Amour, et de
deux candélabres supportés par des enfants,
aussi en bronze doré.

20. — Très-belle pendule Louis XIV, avec son socle,
en marqueterie de Boule.

21. — Grand et riche cartel Louis XV, en bronze,
avec ornements formés par trois enfants et
des oiseaux.

22. — Deux appliques à trois lumières, style Louis XIV,
en bronze, ornées de mascarons.

23. — Lustre, époque Louis XV, orné de pendeloques
en cristal de Bohème.

24. — Deux girandoles Louis XIV, avec pendeloques
en cristal de Bohème.

25. — Paire de chenêts Louis XVI, en bronze doré.

26. — Flambeaux Louis XVI.

MARBRES

27. — *L'enfant à la Cage*, statuette.

28. — *L'Amour marchand de coquillages*, statuette.
Ces deux statuettes se font pendant.

29. — *Bacchante*, statuette attribuée à Lemoine.

30. — Charmant petit buste d'enfant, époque Louis XIV.

31. — Deux colonnes en marbre rouge veiné.

32. — Deux gaînes en marbre.

33. — Deux jardinières en émail cloisonné de la Chine.

34. — Groupe en biscuit, *la Marchande d'Amours*.

35. — Autre groupe en biscuit.

ANCIENNES PORCELAINES

DE LA CHINE ET DU JAPON

36. — Deux grandes et belles vasques en Japon bleu.

37. — Très-grand plat en Japon polychrome.

38-39-40. — Trois grands plats en porcelaine de Chine.

41. — Vase en porcelaine de Chine.

42-43-44. — Trois services à thé et à café, en vieux
Chine, dont un de la famille verte.

45. — Douze assiettes en Japon, décor de Poisson.

46. — Six très-riches assiettes de l'Inde, à armoiries.

47. — Quarante assiettes diverses de l'Inde et du
Japon.

48-49. — Environ 400 assiettes ou plats, de belle qua-
lité, en ancienne porcelaine de la Chine
et du Japon.

50. — Objets divers.

BORDEREAU D'ADJUDICATION

Vente *Rosenberg*, **Rue** *Salle 6*

Doit 16 *Goetz* chez ce M. *Budart*

Rue

à. Mᵉ **DUTITRE**, Commissaire-Priseur, à Paris,

Rue de Richelieu, 8.

Articles du procès verbal.	Numéros du catalogue		f.	c.
		Le 18 Novembre 1872		
	88	1 pendule Bronze	930	
			110	50
				10
			77	60

Pour acquit

Dutitre

A reporter............

Articles du procès verbal.	Numéros du catalogue		v.	c.
		D'autre part............		

Le 1 9bre   Objets envoyés à la Vente Alléssau[illegible]

[illegible]   1   Miniature Charlotte Corday —
           1   id. — Petite gouache ronde —
[illegible] 4/1 2   Miniature de Klingstedt —   80
           2   Miniature Gottiques dans leur cadre Doré
           4   id.   id. et Louis XIII non encadrées
[illegible] ~~2   Terre miniature [illegible] Louis XV Grenouilles~~
[illegible] 450 1   Miniature [illegible] à genoux — 16[illegible]   [illegible]
           449 1   Petite Peinture — école française par [illegible]   10
           446 1   Petit Portrait de Dame — époque Louis XVI peint sur [illegible]
           4[illegible]3 1   Miniature flamande — Vieille femme —   10
           44[illegible] 1   Vierge et enfant femme peinture   — 10
           460 1   Miniature [illegible] de Lafallière encadrée   1[illegible]
           4/4 1   Petit Paysage gouache   —   [illegible]
           1   Portrait de [illegible] (peinture)
           462 2   Petite Peinture [illegible]   10
           461 1   Miniature de [illegible] le [illegible]   1[illegible]
           4[illegible]9 1   Portrait de [illegible] (bordure bronze doré   [illegible]0
           464 1   Miniature Portrait de Largillière —   [illegible]0
           1   Miniature de Béliog —   [illegible]
[illegible] 1   [illegible]   10
[illegible] 1   Miniature de [illegible]   [illegible]
[illegible] 2   [illegible] sous le voile   [illegible]0
[illegible] [illegible] [illegible]   [illegible]
           [illegible] Portraits Louis XIII [illegible]   200

[illegible]	1	Medaille [illegible] Prise de la Bastille	70
[illegible]	1	Tableau à l'huile [illegible] de la [illegible] XIII	10
732	1	[illegible] l'astronome [illegible]	10
510	1	[illegible] M.de de Lavalée	80
3452		[illegible] de [illegible]	120
241		[illegible]	80
		[illegible]	
744		[illegible]	10
2,10,111	2	[illegible] [illegible] à [illegible]	8
119		[illegible] [illegible]	[illegible]
		6 [illegible]	10
205		[illegible]	10
241		[illegible]	10
[illegible]		[illegible] en [illegible] —	70
843		Charly [illegible] —	10
		[illegible] —	[illegible]
[illegible]		[illegible] de dame [illegible]	70
[illegible]		[illegible]	[illegible]
		[illegible]	
[illegible]		[illegible]	[illegible]
[illegible]	1	[illegible] La fille de [illegible]	30
		[illegible]	[illegible]
[illegible]		[illegible]	18
[illegible]		[illegible]	10
[illegible]		[illegible]	10
[illegible]		[illegible]	[illegible]
[illegible]		[illegible]	[illegible]
[illegible]		[illegible]	[illegible]
[illegible]		[illegible]	10
[illegible]		[illegible]	10
[illegible]		[illegible] portrait de Callot	10
[illegible]		[illegible] atelier	[illegible]
[illegible]		Lepriewe [illegible]	80

[illegible]
[illegible]
[illegible]
[illegible]
[illegible] XVI [illegible]
[illegible]
[illegible]
[illegible]
[illegible]
[illegible]
[illegible]
[illegible]
[illegible]
[illegible] XVI
[illegible]
[illegible]
[illegible]
[illegible]
[illegible]
[illegible]
[illegible]
[illegible]

1 dessus de table marqueté[illegible]
1 surtout de [illegible] de [illegible]
1 grande armoire chêne
2 vases [illegible] Louis XVI
2 [illegible] — [illegible]
[illegible] Louis XIII en chêne
1 [illegible] fauteuil [illegible]
[illegible] tapisseries [illegible]
14 morceaux [illegible]
[illegible]
[illegible] décorations [illegible]
1 marche
1 pendule [illegible]
1 [illegible] pendule Louis XVI

Meubles

1 commode Louis XV [illegible]
1 toilette Louis [illegible] d'albâtre   240
1 toilette [illegible]   [illegible]
1 table de nuit   140
1 pendule Louis XVI à ornements   150
1 autre pendule à [illegible]   300
2 candélabres [illegible]   [illegible]
[illegible]
2 [illegible]   [illegible]
[illegible]   180

[illegible] Dimanche   60
[illegible]   60
[illegible] Épinal [illegible]   80
[illegible]   80
[illegible] Le Français [illegible]   65
[illegible]   40
[illegible] Chêne [illegible]   90
Commercy [illegible]   30
Valois [illegible]   30
[illegible] Valois [illegible]   25
[illegible]   25
Le Français [illegible]   10

6
6
9
6
10

2

30
10

XIV
XVI
14

XVI

www.ingramcontent.com/pod-product-compliance
Lightning Source LLC
LaVergne TN
LVHW011022180726
843502LV00007B/2703